LES XXV PRÉCEPTES

DE

LA RAISON,

Rédigés par le citoyen J. GRASSET SAINT-SAUVEUR de Bordeaux, et mis en vers par le citoyen C. RÉMARD de la Section Révolutionnaire;

SUIVIS

D'une PRIÈRE RÉPUBLICAINE.

> —— *Nunc adhibe puro*
> *Pectore verba, puer.*
> HORAT. ep. 2, lib. II.

DE L'IMPRIMERIE DE DIDOT JEUNE.

A PARIS,

Chez ONFROY, Libraire, rue S. Victor, n°. 11.

L'AN 2° DE LA RÉPUBLIQUE.

NOTA.

Ces 25 Préceptes ont été lus le decadi matin 10 germinal à l'instruction publique de la Section Révolutionnaire, et le soir en Assemblée générale.

AVERTISSEMENT.

J'ai lu dans la Feuille Villageoise du nonidi 9 ventose un article intitulé *les 25 Préceptes de la Raison*, rédigés à Bordeaux par un jeune citoyen nommé J. Grasset Saint-Sauveur. Les Représentans du Peuple en séance dans cette Commune, ont arrêté l'impression de ces Préceptes au nombre de dix mille exemplaires, pour être distribués dans les campagnes du Département, et le citoyen Ginguené a jugé à propos de les insérer dans sa Feuille Villageoise, afin qu'ils fussent connus dans toutes les campagnes de la République. Pour moi, j'avoue qu'en lisant ces Préceptes, j'ai cru lire le code le plus complet de la morale républicaine, et j'ai employé mes faibles talens à le mettre en vers : heureux si j'ai pu lui prêter quelques-uns des charmes de la poésie ! Il n'était guère possible de suivre mon sujet à la lettre; et par cette raison j'ai cru qu'il m'étoit permis de l'étendre, et de me livrer de temps en temps à l'essor de mon imagination fortement exaltée. C'est, à proprement parler, un texte que j'ai paraphrasé. Sans doute la précision de l'un l'emportera toujours sur la longueur de l'autre; mais on conviendra avec moi qu'il est plus facile de retenir les vers que la prose, et je suis persuadé que les enfans sauront plus tôt mon ouvrage que celui du citoyen Grasset, quoique le mien soit deux fois plus long. Ce défaut, si c'en est un, était pour ainsi dire inévitable, parce qu'il est des points de morale susceptibles d'être développés les uns plus, les autres moins. Au reste, mon travail peut être jugé inutile, sans pour cela que j'aie perdu mon temps; il aura toujours été bien employé, si mes concitoyens daignent sourire à mes efforts.

LES XXV PRÉCEPTES

DE

LA RAISON.

I.

Il est un créateur, et la nature entière,
Depuis l'astre brillant qui produit la lumière
　　Jusqu'au plus petit vermisseau,
　　Nous annonce son existence ;
Le sapin orgueilleux, qui dans les airs s'élance,
　　L'herbe qui croît sur le bord du ruisseau,
Tout prouve sa grandeur et son intelligence ;
Cet être remplit tout de son immensité :
Adore-le, par-tout tu seras écouté.

II.

　　Les merveilles qui t'environnent,
　　Tous ces chefs-d'œuvres qui t'étonnent,
　　Sont les seuls ministres qu'il ait
　　Et ses interprètes fidèles :
　　Sans cesse de ce qu'il a fait

Jaillissent des clartés nouvelles,
Qui dissipent l'obscurité....
Ouvre les yeux, connais la vérité.

III.

Seulement à ta conscience
Tu confesseras tes erreurs ;
Seule elle dit ce qu'elle pense,
Seule elle peut absoudre les *pécheurs*.

IV.

Aux miracles, aux sortilèges
Garde-toi bien d'ajouter foi ;
Du prêtre qui caresse en dressant des pièges
Avec prudence défends-toi ;
De cette horrible et détestable clique,
Qui voudrait voir périr la République,
Des ci-devant nobles et grands,
Que la soif de régner dévore,
Si toutefois il en existe encore....
Evite les filets.... Ce sont tous des méchans,
Des jongleurs et des hypocrites,
Ennemis de la liberté,
Ainsi que de l'égalité,
Et qui font tout pour qu'elles soient détruites.

V.

Observe exactement la loi de ton pays,
A son glaive jamais tu ne seras soumis.

VI.

Après l'Être éternel, de qui tu tiens la vie,
Aime pardessus tout et chéris ta patrie.
  C'est elle seulement
  Qui doit fixer ta pensée;
  Par elle à chaque moment
  Ta main doit être dirigée,
 Et d'elle à toi si fort est le lien,
  Que même ton sang est son bien.

VII.

Aime, après ton pays, chéris comme toi-même
  Ceux qui t'auront donné le jour.
Si, de l'ancien régime abhorrant le système,
Ils sont républicains, tu dois, outre l'amour,
Leur rendre des devoirs soumis, respectueux;
Et sans songer à toi, s'ils sont dans la détresse,
Et courbés sous le poids de la triste vieillesse,
Avec empressement tu dois les secourir,
  Les soulager et les nourrir :
  Ils ont pris soin de ta jeunesse;

Et du matin jusques au soir,
Les honorer c'est ton devoir.

VIII.

La Liberté, voilà la devise sacrée
De tout Français, de tout bon citoyen;
De l'homme, dont l'ame épurée,
Aux civiques vertus fut toujours consacrée,
Elle est la récompense, elle est l'unique bien.

IX.

Toi, qui brisas les fers de l'esclavage,
L'Égalité, voilà ton héritage.

X.

Guerre à mort aux tyrans,
Haine éternelle à tous les vils despotes...
Voilà ce que des Patriotes
Doivent jurer dans tous les temps.

XI.

Aux ennemis de la Patrie,
Aux parjures qui l'ont trahie,
Ne donne point asyle, ou tu serais bientôt
Coupable de leur crime,
Et, de ta faiblesse victime,
Tu les suivrais à l'échafaud.

XII.

Souviens-toi bien que celui qui se cache
Quand la Patrie est en danger,
Est un vil déserteur, un lâche,
Et si tu veux remplir ta tâche,
A découvert montre-toi le premier;
Tu combats pour toi-même en combattant pour elle,
Et si tu meurs.... ta gloire est immortelle.

XIII.

Si des perturbateurs,
Des scélérats, trament avec audace
Contre la Liberté des complots destructeurs,
Dénonce les conspirateurs
Et ne leur fais jamais de grace....
Il n'en est point pour de telles horreurs.
En vrai Républicain veille les *patricides*,
Qui veulent te donner un roi;
Il faut livrer au glaive de la loi
Tous les monstres *liberticides*.

XIV.

Protège ouvertement envers et contre tous
L'innocence opprimée,
Et que ton ame soit charmée
De remplir des devoirs si doux.

N'écoute ni haine cruelle,
Ni passions, et fuis le noir ressentiment ;
La cause la plus juste, ainsi que la plus belle,
Devient plus juste encore et plus belle en cédant.
Est digne de pardon qui pardonne aisément.
Fuis, abhorre la médisance,
Et souviens-toi qu'un calomniateur,
Parmi les criminels dignes du fer vengeur,
Est celui qui fait plus horreur
Et mérite moins l'indulgence.

XV.

Tout Patriote et bon Républicain,
Tu dois le traiter comme un frère ;
Tends-lui toujours la main
S'il s'écarte du bon chemin,
Et sois toujours aussi prompt que sincère
A l'éclairer dans son égarement,
Qu'il faut cacher soigneusement.
Souviens-toi de cet axiôme,
Aux bons cœurs si familier,
Et dis-toi chaque jour : *Je suis homme, et dans l'homme*
Jamais rien ne m'est étranger.
Ses plaisirs et ses maux je dois les partager.

XVI.

Garde-toi d'écouter l'envie,
De céder à la jalousie,
A l'intrigue, à l'ambition,
Si tu veux éviter toute basse action.

XVII.

Dans ton prochain vois un autre toi-même;
Aime-le, si tu veux qu'il t'aime;
En un mot ne sois pas méchant :
Sois au contraire bienfaisant,
Et ne fais jamais à personne
Ce que tu veux qui ne te soit pas fait;
La récompense du bienfait....
Le bienfait même te la donne.

XVIII.

Ne parle jamais qu'à propos;
Sois réfléchi; déteste le mensonge :
Souvent il cause bien des maux,
Et ses profits ne sont qu'un songe.
Aime toujours la vérité;
Fuis la colère et toute violence;
Que ton serment par le cœur soit dicté;
On a de tout temps évité
De commettre une inconséquence
En observant les lois de la sincérité.

XIX.

Sois désintéressé, professe la franchise;
Évite la chicane et ses obscurs détours;
Pure alors comme les beaux jours,
Ta conduite ne peut au blâme être soumise.

XX.

Songe que l'accaparement,
L'égoïsme et l'agiotage
Sont des crimes affreux qu'un bon gouvernement,
S'il veut en arrêter le funeste ravage,
Doit punir du dernier tourment.

XXI.

Méprise l'or et la richesse;
Ils sont l'apanage des sots :
Ils entretiennent la mollesse
Et nous éloignent des travaux.
Sois content de ton sort; ne porte point envie
A ceux qui sont plus fortunés que toi.
On est riche toute sa vie,
Lorsque du temps on fait bon emploi.
N'emprunte pas, si tu ne peux pas rendre,
Car ce serait alors, non emprunter, mais prendre.
Le bien d'autrui n'est pas ton bien :
Dans la société chaque membre a le sien.

Comme le plus horrible vice,
Du fond du cœur déteste l'avarice;
Et si tu veux n'être pas méprisé,
Déteste aussi l'usure et la paresse;
Dans un état civilisé,
Comme dans les beaux jours de Rome et de la Grèce,
La vertu doit régner sans cesse,
Le vice doit être écrasé.

XXII.

Sois charitable et mets ton zèle
A soulager l'humanité;
Sois des êtres souffrans l'ami toujours fidèle,
Et traite les comme ils t'auraient traité.
Que l'orphelin, la veuve qu'on opprime,
En toi trouvent un défenseur :
C'est un plaisir, c'est un honneur
De protéger une faible victime
Contre les coups d'un barbare oppresseur,
Dont souvent le droit vient d'un crime.
Protège aussi les femmes, les enfans,
Et rends au vieillard vénérable,
Que le fardeau des ans accable,
L'hommage de tes sentimens.

XXIII.

Toi, vieillard, instruis la jeunesse
Et donne-lui des leçons de vertu;
Si par le temps ton corps est abattu,
Ton cœur possède la sagesse.
Et toi, femme, dans ta maison
Reste pour veiller au ménage,
Pour conserver tes enfans en bas âge,
Et cultiver leur naissante raison :
Dès qu'une fois ils ont reçu la vie,
Songe qu'ils sont à la patrie.

XXIV.

Sans-culotte Républicain,
A tes frères tu dois toujours montrer l'exemple;
Que la vertu dans ton cœur ait son temple,
Et tous s'empresseront d'en suivre le chemin :
A leur égard sois complaisant, affable,
Et suis toujours les lois du sentiment;
Que ton amour pour eux soit fidèle et constant.
Il est si doux de chérir son semblable !
Témoins de ta simplicité,
De ta candeur, de ton aménité,
Que près de toi ton épouse et ta fille,
Ton fils et toute ta famille,

Sucent le lait des sublimes vertus
Dont les Républicains doivent être pourvus;
Sois bon fils, bon mari, bon père,
Et digne de la Liberté :
Tu mérites qu'avec bonté
Ton pays te considère,
Et te fasse jouir des dons et des bienfaits
Que ses enfans ingrats ne partagent jamais.

XXV.

Enfin rappelle-toi que la sainte Montagne
Est et sera toujours le centre des vertus;
Que la justice en tout temps l'accompagne,
Et que par elle à jamais abattus,
Tous ses vils ennemis ne reparaîtront plus :
Rappelle-toi qu'elle est le point où se rallie
Tout brave et tout bon citoyen,
Et qu'elle seule a trouvé le moyen,
Dans les temps orageux, de sauver la Patrie :
Rappelle-toi que tu lui dois hommage,
Et respect, et fidélité;
Que sa conduite ferme et sage
A fait naître l'égalité;
Et qu'à tous ses efforts, réunis au courage
Des héros qui pour nous combattent l'esclavage,
Tu dois l'aimable Liberté.

LES MÊMES PRÉCEPTES,

Tels qu'ils ont été insérés dans la Feuille Villageoise.

1.

La nature entière t'annonce un créateur ; adore-le : il est par-tout, par-tout il t'entendra.

2.

Les merveilles qui t'environnent, voilà ses ministres ; n'en connais pas d'autres, ceux-là te parleront toujours vrai.

3.

A ta conscience seulement tu confesseras tes fautes ; elle seule parle franchement, elle seule peut t'absoudre.

4.

Aux miracles, aux sortilèges, ne crois

pas : méfie-toi des perfides caresses de tous faux prêtres, de tous ci-devant grands, ennemis de la république, s'il en existe encore.... Ce sont des jongleurs qui te trompent, qui mentent, et qui veulent ta perte.

5.

Observe exactement la loi de ton pays, et jamais tu n'erreras.

6.

Après ton créateur, aime ta patrie pardessus tout ; elle seule doit fixer ta pensée, diriger tes actions ; ton sang est à elle.

7.

Après la patrie, tu aimeras et chériras comme toi-même ton père et ta mère ; tu leur dois respect et soumission, s'ils sont républicains ; avant toi-même, tu leur dois les besoins de la vie et soulagement dans leur vieillesse : honore-les, voilà ton devoir.

8.

La liberté, voilà la devise du bon citoyen : elle est la récompense des vertus civiques.

9.

L'égalité, voilà ton patrimoine.

10.

Haine éternelle, guerre à mort aux tyrans, aux vils despotes !

11.

Aux traîtres, aux parjures, aux ennemis de la patrie ne donne point asyle, si tu ne veux être coupable de leurs crimes.

12.

Quand la patrie est en danger, ne te cache pas lâchement : montre-toi le premier et à découvert ; en combattant pour elle, tu combats pour toi.

13.

En vrai Républicain, surveille les ennemis de la liberté; déjoue les complots séditieux; dénonce les conspirateurs : arrête courageusement les *patricides*, et livre-les à la justice des lois.

14.

Protège ouvertement, envers et contre tous, l'innocence opprimée; n'écoute ni haine, ni ressentiment, ni passions. Pardonne aisément, si tu veux qu'on te pardonne : aies en horreur la médisance, et souviens-toi qu'un calomniateur est le plus grand des criminels.

15.

Tout mortel républicain est ton frère; tends-lui toujours la main; avec candeur, éclaire-le dans ses égaremens; cache soigneusement ses fautes; retire-le de la mauvaise route, et dis-toi toujours : *Je suis homme, rien de ce qui intéresse un homme ne m'est étranger.*

16.

Fuis l'envie, la jalousie, l'ambition et l'intrigue, si tu ne veux pas commettre de bassesses.

17.

Ne sois pas méchant; aime ton prochain comme toi-même, rends-lui service et sois bienfaisant; ne fais pas à autrui ce que tu ne veux pas qu'on te fasse; et dans la pratique de ces vertus, tu en trouveras la récompense.

18.

Sois réservé dans tes paroles; sois réfléchi; déteste le mensonge; aime la vérité, fuis la violence, la colère; que ton cœur dicte tes sermens, si tu ne veux pas commettre d'inconséquences.

19.

Sois franc, désintéressé, sans détours, et tes actions seront pures et sans reproches.

20.

Souviens-toi que l'agiotage, l'accaparement et l'égoïsme sont des crimes capitaux.

21.

Méprise la richesse; c'est l'apanage des sots : content de ton sort, n'envie point celui d'autrui, ni la fortune de ton voisin; n'emprunte pas, si tu ne peux pas rendre : ce qui est à un autre, n'est pas à toi; déteste l'avarice, l'usure, la paresse, si tu ne veux être méprisé et vivre honteusement.

22.

Sois charitable; soulage l'humanité souffrante; que la veuve et l'orphelin trouvent en toi un défenseur; protège femmes, enfans, et avec vénération regarde tout vieillard.

23.

Toi, vieillard, prêche et instruis la

jeunesse; et toi, femme, reste dans ton ménage; veille à la conservation de tes enfans : ils appartiennent à la patrie.

24

Sans-culotte Républicain, à tous tes frères tu dois le bon exemple et des faits qui les persuadent; traite-les avec douceur et chéris-les constamment : à ta femme, à tes enfans et à ta famille, avec aménité, inspire les vertus sociales et républicaines; sois bon père, bon mari, bon fils; tu seras digne d'être libre, et la patrie t'aimera.

25.

Souviens-toi enfin que la Montagne, centre des vertus, est le point de ralliement de tout bon citoyen : tu lui dois hommage, vénération et fidélité; elle seule a voulu le bien; elle seule l'a fait; à elle seule et aux braves défenseurs de la patrie tu dois ta liberté.

PRIÈRE RÉPUBLICAINE,

Lue à l'instruction publique de la Section Révolutionnaire, le decadi 10 ventose l'an 2 de la République une et indivisible.

Homme, qui que tu sois, devant un Dieu suprême
Courbe ton front superbe et rentre dans toi-même;
Cet être indéfini, maître de l'Univers,
Et que méconnaît trop un peuple dans les fers,
Des vrais Républicains mérite les hommages.
Si nous foulons aux pieds de stériles images,
Qu'au moins le Créateur par nous soit adoré;
Sans lui l'homme n'est rien, et son culte est sacré.
Donne-lui, si tu veux, le nom de Providence,
Mais songe qu'à lui seul tu dois ton existence;
C'est de lui qu'en naissant tu reçus la raison,
C'est lui qui de l'erreur dissipe le poison,
Lorsque ton cœur vraiment vertueux et sublime
Repousse avec horreur l'injustice et le crime;
C'est lui qui régit tout, et c'est à sa bonté
Que les faibles mortels doivent la liberté.
Si quelque ambitieux, quelque tyran coupable
Essaye, en le trompant, d'asservir son semblable,
Homme, c'est encor lui qui fait armer ton bras,
Pour ôter au tyran le droit qu'il n'avait pas.
Jette les yeux par-tout... la Nature est son temple;
Tu ne le comprend pas... mais admire et contemple:

Frappé de sa grandeur et de ses attributs,
Que ton cœur chaque jour lui paie les tributs
D'une reconnaissance infinie et sincère...
Tout ce qu'il fit pour toi vaut bien une prière.
C'est lui qui, tout-puissant, a créé le soleil,
Cet astre merveilleux, à nul autre pareil,
Qui, fécondant la terre et toute la nature,
Fournit à tes besoins une ample nourriture :
C'est lui qui te combla d'ineffables bienfaits,
Dont le dénombrement ne finirait jamais...
Tu les sens... il suffit; et ton devoir t'impose
D'invoquer de ces biens la vraie et seule cause.

ÉTERNEL, c'est à toi que s'adressent mes vœux:
Tu connais de nos cœurs les replis tortueux;
Et tu saïs que le mien, humble, comme il doit être
Devant son créateur et son souverain maître,
A sans cesse besoin de tes secours puissans.
Daignes toujours, grand Dieu, protéger tes enfans;
Fais mûrir nos moissons; fais vaincre nos armées;
Qu'à jamais aux tyrans nos portes soient fermées;
Qu'un jour les Nations, reconnaissant l'erreur
Qui les retient encor sous un joug oppresseur,
Ouvrent leurs yeux long-temps fermés à la lumière,
Fassent enfin rentrer les rois dans la poussière,
Et que sur tout le globe, avec la Liberté,
Habitent les Vertus, la Paix et l'Unité.

FIN.

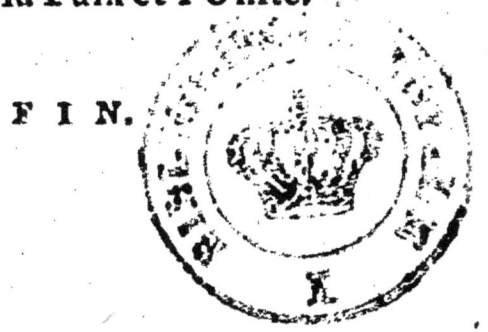

Contraste insuffisant

NF Z 43-120-14

www.ingramcontent.com/pod-product-compliance
Lightning Source LLC
Chambersburg PA
CBHW060631050426
42451CB00012B/2532